AUX PAYSANS

A CEUX QUI VEULENT VIVRE

EN

TRAVAILLANT

AUX PAYSANS

A CEUX QUI VEULENT VIVRE

EN

TRAVAILLANT

AUX PAYSANS

✦

A CEUX QUI VEULENT VIVRE

EN

TRAVAILLANT

AVIS DU PÈRE JACQUES BONSENS

Opposez-vous au mal, avant qu'il s'enracine.
S'il séjourne, il rend vain l'art de la médecine.
(*Tiré d'*OVIDE).

Aux paysans, laboureurs et fermiers ; à toutes les victimes qui peuvent se laisser prendre aux paroles de ces prétendus patriotes, gens hypocrites, tous sans aveu, communards qui voudraient bien vivre et sans travailler.

Ecoutez :

La fainéantise et l'inconduite sont les plus cruels tyrans de l'homme.

Les gueux qui ne rêvent que le désordre et qui ne cherchent qu'à semer la haine entre les citoyens d'un pays, et pour cause, veulent vous plonger dans la misère.

Ils sont pour vous des ennemis implacables que vous devez combattre et vaincre, et ils sont d'autant plus dangereux qu'en ayant l'air de vous flatter, de prendre vos intérêts, ils vous trahissent et ne veulent se servir de vous que comme de marche-pieds pour arriver au pouvoir, les uns pour flatter leur sotte vanité, les autres pour remplir leurs poches dans les coffres de l'Etat, où iraient s'engloutir vos deniers.

N'écoutez pas les discours de ces fainéants qui vous méprisent et vous appellent manants, lorsqu'ils n'ont pas besoin de vous, et vous serez riches et tranquilles en travaillant.

Pour les faire rentrer sous terre, vous n'aurez qu'à vous compter et à vouloir.

Vous choisirez pour vos mandataires des hommes honnêtes, à quelque parti qu'ils appartiennent, mais rien que des hommes honnêtes, et vous laisserez dans le ruisseau les gens tarés, les ambitieux qui ne voüs aiment pas, qui se moquent de vous, parce que vous êtes laborieux et économes, et qui, je vous le répète, paysans, ne désirent qu'une seule chose, c'est que vous leur prêtiez votre dos pour monter au pouvoir, quitte ensuite à vous laisser dans la ruine, la misère et le sang, en compagnie de quelques imbéciles, leurs innocents complices.

Le père JACQUES BONSENS.

RÉFLEXIONS DE L'AUTEUR.

A ceux qui seraient étonnés de voir que, dans le temps où nous vivons, ce sont précisément les fainéants, les mangeurs et les vauriens qui ont l'air de se préoccuper le plus de ce qu'ils appellent la misère du peuple, alors que ceux qui travaillent ne demandent qu'une seule chose, la santé, pour faire honneur à leurs affaires et élever leur famille dans une modeste aisance, à ceux qui se demanderaient pourquoi de petits polissons, égoutiers en littérature, incapables de tenir le manche d'un outil ou d'une charrue, trop lâches pour s'astreindre à une vie de travail, préférant mener une vie de Bohême et d'infamie et manger le pain blanc de la honte au pain noir de l'honneur, se permettent de prendre en pitié la peine du laboureur et de s'apitoyer sur le sort de gens cent fois plus heureux avec leurs modestes habits et leur morceau de pain que tous ces écrivains en paletot qui promènent la misère et rongent quelques os de poulet, je leur dirai que toute cette clique qui a des appétits de toute nature, du reste, ne poursuit qu'un seul but, celui de vivre sans travailler.

Le père JACQUES BONSENS.

Conseils de Jacques Bonsens aux Paysans.

Paysan, apprends à connaître tes véritables amis, défie-toi de ceux qui te flattent et qui ne t'adressent la parole qu'au moment des élections pour te faire des promesses mensongères, défie-toi de tous ces emballeurs qui se moquent de toi et te méprisent?

Cependant, brave campagnard, tu vaux bien mieux qu'eux; tu n'as peut-être pas le dehors aussi brillant, mais ce que tu as est à toi et si tu ne marches que dans des sabots ferrés, du moins tu ne les dois pas au marchand; si tes habits ne sont pas d'une grande finesse, ils sont plus chauds et tu les as payés; si tes chemises sont faites en toile grossière, du moins elles ne sont pas déchirées, et si ta cravate n'est pas de couleur aussi brillante, tu peux dire qu'elle entoure le col d'un honnête homme; si tu ne te livres pas au plaisir de la chasse, du moins tu as l'honneur de ne pas mendier le prix d'un permis, comme le fait certain garnement qui, pour reconnaître la complaisance du maître, devient son pourvoyeur de gibier et de femelles et rançonne sa cave; si tu ne manges que du pain noir, du moins tu as l'honneur de le gagner à la sueur de ton front, et tu ne laisses à personne le soin de payer pour toi chez le boulanger.

Ceux qui vivent dans la fainéantise et auxquels le froid et l'humidité doivent rappeler malgré eux que leurs souliers vernis et éculés ne valent pas tes sabots, se croient cependant bien supérieurs à toi, et quand ils n'ont pas intérêt à te flatter, ils t'accablent d'injures et de mépris. Ta sobriété est même un crime à leurs yeux, et ils se plaignent amèrement en te dotant de toutes les épithètes qui leur sont dictées par les rédacteurs de toutes les feuilles de la voyoucratie, de ce que tu économises, de ce que tu vends tes denrées trop cher et que tu es dans l'aisance, alors qu'ils voudraient les avoir pour rien ces denrées, ne rien faire et bien manger, en se moquant de toi qui t'imposes toutes sortes de privations. Je t'assure, parole d'honneur, brave Paysan, que si on ne connaissait pas tout ce qu'il y a de noir dans l'âme de ces gredins, on serait tenté de croire qu'ils oublient que tu as des dents, comme si tu ne saurais pas aussi bien manger que les citoyens écarlates, les poulets que tu élèves.

Ils trouveraient naturel, les infâmes, que toi qui te contentes de quelques pommes de terre cuites dans la marmite, tu leur donnâsses ces mêmes poulets pour rien, ces poulets dont tu te prives et qui viennent manger tes épluchures pendant que tu prends ton frugal repas.

Ils seraient de force, brave vigneron, à vouloir pour rien ce vin qui te coûte tant de sueurs, pour s'en gorger matin et soir, alors que tu te prives de descendre dans la cave pour boire un verre de ce même vin, dont tu aurais tant besoin, cependant, pour réparer tes forces.

Fais comme par le passé, travaille, travaille toujours et laisse les faire, tu es leur maître sans en avoir l'air et tu leur imposeras toujours ta volonté, quand le moment sera venu. Ils auront l'air de rire de toi, poursuis ton chemin, ils insulteront à tes croyances religieuses; crois en Dieu comme tes pères, ils tourneront en ridicule les joies que tu trouves dans ton foyer domestique; laisse leur faire la noce le lundi, le mercredi, s'ils veulent, et pendant que le soir en revenant de l'ouvrage le cœur content, tu recevras les caresses de tes petits enfants, tu entendras dire le lendemain qu'en sortant du cabaret où il laissa sa raison et le prix de sa journée, le citoyen La Trogne a maltraité la malheureuse mère de quatre enfants que la faim faisait pleurer, toi tu retourneras le lendemain à l'ouvrage, lui, sous le coup des libations de la veille, dormira tout le jour, et sa première parole à son réveil sera de demander à boire à celle qui pleurera dans un coin, parce qu'elle ne peut donner du pain à sa famille.

Voudrais-tu échanger ton sort contre celui de cet homme? Je ne te le conseillerais pas. Cependant on dirait qu'il est bien plus heureux que toi, car il boit, mange et ne travaille pas; au fond il est bourrelé de remords, mais comme il croit être ton supérieur, ton bien-être, Paysan, lui porte ombrage et il te déteste et te hait.

Toi, pardonne-lui, c'est un nigaud abruti dont abusent les saltimbanques politiques, plains-le en raison du mépris qu'inspirent aux honnêtes gens, ceux qui se servent de son échine. Il place tout son espoir dans l'éventualité d'une crise qui doit, d'après les promesses qui lui sont faites par ceux pour lesquels il a voté hier, lui donner de quoi satisfaire tous ses appétits, mais il ne sera jamais que le valet, le caniche des Joly de la Joly, des Rochefort, et des Rigault; il deviendra l'assassin de la Roquette ou de St-Etienne et sera fusillé un jour au poteau de Satory, victime des mons-tres qui ont armé son bras, pour arriver au pouvoir.

Il existe une autre catégorie de gens qui te méprise encore, brave cultivateur, et qui ré-pète sans cesse que le peuple n'est pas libre, que le paysan est dans la misère et l'esclavage, et qu'il faut briser tes fers, etc. Vraiment pour ceux-là, il y a de quoi rire, car s'il existe des arrogants, des vaniteux, des gens stupides, des niais, des présomptueux, des gens sans cœur, des insolents, c'est dans cette classe de la so-ciété qu'il faut jeter les filets, la pêche sera mi-raculeuse.

Banqueroutiers, viveurs, défroqués, com-mis remerciés, usuriers, militaires dont les états de service se bornent au nord à la salle de po-lice, au sud à la cantine; fonctionnaires révo-qués, mécaniciens de contrebande, agriculteurs idiots, tous se donnent la main et se croient appelés à de hautes destinées. Ceux-là te méprisent encore, plus que tous les autres, Paysan, et ils ne te vont cependant pas à la hauteur de la cheville. Les routes leur appartiennent, ils mettent toute leur valeur dans les jambes de leurs chevaux, et t'éclaboussent les jours de foire ; mais ne t'étonne pas, laisse les passer, ils iront toujours assez vite pour manger ce qu'ils n'ont pas, seulement garde-toi bien de donner à aucun d'eux tes denrées à crédit ; plus ils iront vite en voiture, plus tu devras te méfier.

Ces gens-là, sans cesse réunis autour d'une bonne table, bien assis au café, le cigare à la bouche, parlant de la misère du peuple, s'apitoyant sur son sort, répétant à chaque bouffée de pipes une phrase de leur journal qu'ils ne comprennent même pas, s'administrant des bocks et digérant paisiblement sur un divan de velours, se fichent du peuple comme de l'an 40, ce sont de gros farceurs qui ont tous un vice rédhibitoire et qui croient, l'un en criant fort, l'autre en étant insolent, l'autre cynique et ordurier, en imposer à l'opinion publique :
« Arrière, Camerlins du Crapaud volant, im-
» béciles admirateurs de Rabagas qui se mo-

» que de vous, vous ne trompez personne,
» vous montrez le bout de l'oreille et vous me
» forcez à vous rappeler à la pudeur.

» Vous parlez politique et vous avez rai-
» son, c'est le sujet qui vous divise le moins,
» comme dirait l'essai loyal, et vous savez qu'il
» ne faut pas parler de cordes dans la maison
» d'un pendu ; vous ne pouvez parler de vos
» familles, vous rougiriez tous, excepté toute-
» fois ceux qui deviendraient blêmes ; vous ne
» pouvez parler de débats judiciaires, plu-
» sieurs d'entre vous entendraient résonner à
» leurs oreilles les paroles d'un procureur
» quelconque ; vous ne pouvez parler religion,
» vous êtes tous comme des chiens, et encore
» ceux-ci entrent-ils quelquefois à l'église,
» quand la porte est ouverte ; vous ne pouvez
» parler probité, vous êtes tous plus riches,
» après vos faillites, qu'avant ; vous ne pou-
» vez parler du système métrique, vos me-
» sures sont fausses ; ni mathématiques, vous
» ne connaissez dans les 4 règles que la sous-
» traction ; ni morale, vous vous passez tous
» vos femmes à tour de rôle, que ce soit chez
» vous ou dans un colombier ; vous ne pouvez
» parler littérature, vos auteurs chéris et es-

» timés sont la *Lanterne* du forçat Rochefort
» et autres feuilles immondes comme le *Père-*
» *Duchêne* ou *l'Armâna nouviau* dont les
» bureaux ont leur siége chez Domange et Cie.
» Vous voudriez arriver à faire partie de cette
» nouvelle couche sociale que Rabagas veut
» instituer, mais vous crèverez à la peine,
» vous n'êtes pas dans le chemin, vous vous
» trompez de porte, et la première qui s'ou-
» vrira devant vous, écrivain ordurier, sera
» celle du bagne.

» N'en déplaise au corbeau de Grenoble,
» le paysan a assez d'esprit pour comprendre
» que ce n'est pas en un jour qu'on change
» de condition dans une société civilisée ; il
» sait qu'il faut des générations pour parvenir,
» du travail, de la conduite, de l'ordre, et
» il n'emploiera jamais vos moyens qui sont
» très-prompts, il est vrai, mais qui consistent
» à crocheter les tiroirs d'une caisse et à vous
» sauver à l'étranger. »

Je reviens à toi, Paysan, et te prie de jeter
un regard sur les gens qui s'arrogent le droit de
parler en ton nom, de t'emprunter ton lan-
gage, et dis-moi quelle confiance peut t'inspi-

rer cette meute qui aboie de plaisir à la lecture des intéressants ouvrages qu'on te dédie ; ils sont tous hors du chenil, examine-les, ne te fais pas mordre, le nombre pourrait les rendre courageux, et plonge dans le tas.

Te voilà en face du fameux Chienlit qui, ne comptant plus sur l'appui paternel pour bien diriger ses affaires, a pris cette fois deux beaux-pères dont l'un, malgré qu'il soit en décomposition, vaut mieux encore que celui qui contemplait avant la noce les rayons du soleil levant, à la fenêtre occupée jadis par cet imbécile qui fut autant le jouet de l'amour que la vache à lait des frères et amis. Il lui faut de l'argent, peu importe la source, il en trouvera en épousant, et comme il ne veut rien devoir au travail, il épouse et il en trouve. Il sait bien que toutes ces pièces de cent sols, sont couvertes d'un enduit sébacé, qu'elles infectent, qu'elles sortent d'un foyer purulent, mais qu'importe, il palpera les espèces sous le nez de ces braves gens qui n'ont qu'un malheur, celui d'avoir eu un crétin dans leur famille. Il en a honte au fond, mais dans la crainte de rougir, il affecte des airs cavaliers et essaye de salir les honnêtes gens, comme si les turpitudes débitées par ce

Crapouzin et puisées dans des fosses d'aisance, pouvaient faire que jamais la tache originelle pût disparaître.

Plus loin est un marchand de riz, vieux Céladon édenté qui, plutôt de rentrer sous terre et faire oublier certaines pièces qui dorment dans les cartons de quelque greffe de tribunal de commerce, s'amuse à changer de juridiction et à passer en police correctionnelle où il attrape de la prison pour avoir attenté à la pudeur de quelque femme de ce peuple qu'il dit aimer, mais qu'il devrait peut-être ne pas aimer autant, mais beaucoup plus respecter en la personne de ses femmes et de ses filles.

Vois ce jeune magister, homme au teint livide, au regard haineux et faux, il devient verdâtre à la pensée qu'il pourrait commander un jour ; son sang se glace dans ses veines, une sueur froide couvre son front, nuit et jour depuis le premier novembre 1870 il se pose cette question « Rabagas arrivera-t-il ? »

Pourquoi a-t-il de la haine envers la société, envers tous ceux dont la position est au-dessus de la sienne ?

Pourquoi cet amour pour Rabagas ? La rai-

son est bien facile à donner, monsieur est
l'orgueil même, et n'économisant pas un sol, il
s'en prend au genre humain de ce que monsieur son père ne lui a pas livré un nom sans
tache, comme si le genre humain était respon-
sable de toutes les banqueroutes.

Regarde les allures de ce monsieur ; il tient
le milieu entre le hongreur et le vétérinaire,
c'est un officier de santé qui s'est posé un
binocle sur le nez pour se donner de l'impor-
tance. Dans le pays qu'il habite il passe pour
un imbécile, auprès de ses malades surtout,
mais en politique c'est un farceur qui n'a
aucune opinion ; il fréquente les camerlins,
les fripoullards de l'endroit, a toujours trois
mots dans la bouche, peuple, liberté, esclavage,
et son thême roule toujours là dessus. Vive le
peuple, vive la République, à bas le peuple,
à bas la République, tout ce qu'il vous plaira,
dites donc pas de bêtise, mais je veux arriver.....

Rebut de l'armée, toujours sous le coup de
poursuites rigoureuses, accablé de dettes et
perdu de débauches, un jeune polisson t'éton-
nera par son audace. Il jette la boue à la face
de tout ce qui est respectable, hommes il-

lustres, prélats vénérés, femmes vertueuses, magistrats intègres, hommes de bien, soldats sans peur et sans reproche, tout y passe. Approche-toi du groupe qui l'entoure et au milieu duquel il pérore ; lis, si tu en sens le courage, les livres écrits par ce vidangeur, et tu entendras ou tu sauras ce qu'il pense de ces nobles femmes qui s'appellent Blanche de Castille, Marie-Antoinette et autres ; il veut les mettre au niveau de la sienne qui lui a été jetée dans les bras avec un appât de 3,000 fr., par un galantin qui en avait assez, et ce misérable qui se regarde dans une glace, ce qui fait qu'il ose traiter de tarés, de voleurs, de brigands, ceux qui n'habitent pas comme lui les carrières d'Amérique, a l'infamie d'essayer de salir ces vertueuses femmes qui commandent et le respect et l'admiration. C'est Robert Macaire jugeant les gendarmes, c'est Garibaldi jugeant Mac-Mahon, c'est Mouls ou Junqua jugeant le Saint-Père, c'est la fille soumise, la prostituée du trottoir insultant la cornette de la fille de Saint-Vincent de Paul.

Regarde dans ce café, rendez-vous des fortes têtes de l'endroit, on y agite chaque jour la question de la résistance aux lois ; chaque jour l'appel à la guerre civile y est prêché par un marchand de casseroles; vois entrer ces deux jeunes hommes avinés, celui qui ressemble à un marchand de drogues à détacher les graisses est encore plus mauvais que son compagnon qui, pourvu qu'il puisse dire m..... à quelqu'un, sera toujours content. L'homme aux drogues prend part à la conversation et dit que la République a besoin d'un baptême de sang; il se propose comme parrain de cette fausse couche perpétuelle de la France, à la condition qu'il trempera sa filleule *dans le ventre des bourgeois*, qu'il transforme pour la circonstance en fonds baptismaux san♂ glants; et la caverne est tellement bien composée que tout le monde applaudit à outrance; ils voudraient tous que la cérémonie eût lieu le soir même.

Le camarade du dégraisseur déclare hautement qu'il a plein le c.... dos des monarchistes et qui les en m.... enquiquine; comme si jamais on avait songé à employer le guano qu'a ce citoyen dans le ventre pour faire pousser le lys ou la violette. C'est un jardinier qu'il nous faut, citoyen, nous n'avons pas besoin de votre fumier, et à coup

sûr, Paysan, tu seras de mon avis en ren-
voyant avec son c.... dos, et sa m.... chose,
cet intéressant personnage frapper à la porte
de la compagnie Richer-Lesage, rue des Petites-
Ecuries, n° 100.

Que penses-tu de ce Mexicain dont l'âme est
aussi noire que la figure ? Il est stupide, c'est
vrai; mais il a un petit air méchant qui lui sied
bien; pour mon compte, il me fait peur, Brr...
Mes jambes plient sous mon corps lorsque je
le croise dans la rue; il me donne le frisson,
je tremble comme une feuille au moment où
j'écris ces lignes; ah! c'est que je connais ses
relations avec Benito Juarès, l'assassin, alors
qu'il était au Mexique; il en entretient chaque
jour son père, aussi le vieux porte-t-il toujours
avec lui un lazzo pour l'enrouler autour du col
du premier bourgeois qu'il aura sous la main.

Infortuné bourgeois, fais bien attention!
Malheureux marquis, quoique vous soyez d'une
coupable faiblesse, écoutez un conseil : ne ve-
nez pas visiter vos domaines lorsque la tour-
mente soufflera, vous seriez, mon cher ami,
lancé, chassé à vue, puis forcé par tous les
Ravageots, les Chicanaux, les Ronflots de l'endroit, et pendu à un chêne sous lequel Ron-

flot 1 exécuterait le pas de la carmagnole, suivi de toute sa nichée de catins. .

Cependant, que de grâces ils ont à vous rendre, ô mon Dieu !

J'en passe à des meilleurs, tu dois éprouver comme moi le besoin de prendre l'air ; assez d'ordures de remuées, et avec plus de raison que celui qui a daigné consentir à ne pas laisser une trace lipeuse sur les vêtements de l'immortel Louis IX, je déclare que je n'ai pas découvert tout le pot aux roses, je laisse le couvercle sur les latrines, dussé-je déplaire à l'employé de la compagnie Richer. Nous défions en passant l'écrivain égouttier d'oser attaquer le saint roi, Dieu ne pourrait-il pas dans sa colère faire paraître devant lui l'ange exterminateur qui après s'être voilé la face et bouché le nez, lui fendrait le crâne pour l'envoyer ensuite pourrir à Montfaucon ?

Que penses-tu du cri de vive la République ?

Eh bien ! voilà les hommes qui prétendent établir le gouvernement du droit, de la justice et de la liberté, car je garantis mes portraits bon teint, qui s'indignent contre ce qu'ils appellent les priviléges, les abus, les monopoles; qui osent parler de fraternité, eux, les Caïns modernes, et qui ne rêvent que l'exploitation de ceux qui travaillent par les nullités et les fainéants. Ce sont ces hommes, misérables insensés, qui veulent te faire prendre en affection le gouvernement de leurs rêves, leur république à eux comme ils la comprennent, car celle que nous avons ne leur convient pas. As-tu jamais confié le soin de garder tes troupeaux à des loups? as-tu jamais demandé la pluie pour lever tes moissons? as-tu jamais souhaité la grêle pour remplir tes tonneaux?

Non; ce cri de vive la République dans la bouche des gens de cette trempe est un appel à l'insurrection, une excitation à la licence, à toutes les mauvaises passions.

Tu n'oublieras pas que les funestes et hideuses journées de septembre 1792 se passaient au cri de vive la République, qu'on pillait les Tuileries au cri de vive la République, qu'on assassinait Louis XVI au cri de vive la République; qu'en menant les Girondins à l'échafaud, pauvres ambitieux assez sots pour répéter eux-mêmes ce cri funeste, on les guillotinait au cri de vive la République, qu'on coupait par morceaux en 1848 le général Bréa et son aide-de-camp de Mangin au cri de vive la République, et que ceux qui visaient et tuaient Monseigneur Affre, pasteur martyr sublime, hurlaient vive la République!

Contre le mur de la rue des Rosiers où les adossaient les républicains, les malheureux Clément Thomas et Lecomte entendaient en mourant, vive la République; les pierres de la maison de M. Thiers tombaient au cri de vive la République; on criait vive la République en assassinant l'archevêque de Paris Monseigneur Darboy, M. Duguerry, M. Bonjean et le républicain Gustave Chaudey. Incendions les Tuileries et vive la République, le Louvre et vive la République, le Conseil d'état, les greniers d'abondance et vive la République, les maisons particulières et vive la République, les usines, les théâtres, les ateliers, les boutiques et vive la République; que Paris entier s'il est possible, brûle, s'effondre et disparaisse sous les yeux des Allemands ivres de joie et de champagne et à ce cri immense poussé par toutes les poitrines des patriotes: Vive la République! Vive la République!

Tu te souviendras, Paysan, de toutes ces hontes et tu maudiras tous ceux qui, de près ou de loin, y ont pris part. As-tu remarqué que pas un de ceux qui écrivent, ne s'est élevé contre ces crimes que je te signalais? as-tu jamais constaté chez eux la moindre trace de blâme, de regret, de réprobation? Non. L'eau leur vient à la bouche lorsqu'ils entendent ce cri qui leur est cher, leurs yeux brillent d'une joie féroce, et ils menacent d'une Saint Barthélemy tous les honnêtes gens qui flétrissent leurs doctrines, et qui voient poindre le bout de l'oreille d'une sanglante commune, ainsi qu'un jeune et brillant magistrat l'a si bien démontré dans un réquisitoire où l'élévation de la pensée le disputait à l'éloquence.

Leur but est évident, leurs écrits témoignent de leurs intentions, jetant la boue à tout ce qui est respectable, intervertissant tous les rôles, traitant les honnêtes gens de voleurs, et les voleurs de braves gens, tournant en ridicule

la religion et ses ministres, bavant sur la robe
blanche de Pie IX, profanant le nom sacré de
la reine des cieux, ils voudraient, Paysan,
jeter le trouble dans ton âme, te faire renon-
cer à tes croyances religieuses, te faire rem-
placer les images du Christ par les bustes de
l'ignoble Marat ou du cynique Lepelletier, et
élever une barrière entre toi et ceux qui te conseillent le bien et qui sont tes seuls et véritables
amis; ceux-là ne font pas briller à tes yeux
un miroir trompeur, ils te conseillent la
probité, l'ordre, et te garantissent une vie
bien plus heureuse en travaillant toujours,
que celle de ces gredins qui cherchent à em-
poisonner ton existence.

Sache bien, Paysan, qu'on a dit avec raison
que lorsque l'esprit de la révolution a déchaîné
la tempête, quand il a soufflé ses mauvais
conseils, prêché l'indiscipline, enseigné le
mépris de tout ce que les âges antérieurs ont
respecté, il ne peut plus venir arrêter cette
tempête ni fixer une limite qu'elle ne devra
pas franchir; la destinée des révolutionnaires
les condamne forcément par la logique des
choses, à être dépassés, débordés, engloutis par

la marche inévitable de la révolution: Malheu-
reusement, hélas! ils ne périssent pas seuls et
le gouffre engloutit à la fois les innocents et
les coupables. Il n'est pas en leur pouvoir
de dire à la mer: « Calme-toi; et à l'aquilon:
Ne souffle plus; et il se fera un grand silence.»
(*Marc*, IV, 39.)

REMERCIEMENTS

DU PÈRE JACQUES BONSENS

A Mᵣ L'INSPECTEUR DE LA SALUBRITÉ PUBLIQUE.

On vient d'annoncer au père Jacques Bonsens qu'un inspecteur de la salubrité publique a défendu de laisser colporter une certaine petite ordure toute rouge, qu'on déposait devant toutes les portes et qui empestait. Merci de ce coup de balai, M. l'Inspecteur, merci! Permettez-moi de vous indiquer une recette pour nettoyer le tombereau qui conduira cette poudrette dans la fosse; vous n'avez qu'à employer un peu d'acide phénique étendu avec de l'eau; on se sert de cette solution avec succès pour les Rambuteau, à Paris; du reste, vous pouvez consulter le jeune employé de la Cⁱᵉ Richer-Lesage. — *Similia similibus.*

Qui sait? la mesure prise par M. l'Inspecteur de la salubrité va peut-être nous permettre de voir d'aimables histrions qui, sans égard pour la mémoire de Descartes et autres, oseront qualifier de penseurs de vrais polissons, et exécuteront devant la galerie des purs de l'endroit des exercices dignes de Guignol ou de Polichinelle; cela pourrait bien arriver. Gare au gendarme qui représente la société, il sera vivement attaqué, peut-être battu! Pourquoi diable soutient-il la morale publique, et veut-il empêcher les empoisonnements? Ce n'est pas raisonnable; la galerie se vengera de lui en répondant par des murmures d'approbation à chaque tirade épileptique d'un bouffon bavard.

Ah! elle n'est pas toujours commode la galerie, et elle ne sent pas toujours bon; si les fenêtres n'étaient pas souvent ouvertes on tomberait asphyxié. L'odeur de l'absinthe le dispute à celle du mêlé, c'est écœurant; la fine fleur du concubinage serre la main à la banqueroute, et si vous avez le malheur d'approcher trop près de ce citoyen verni de graisse qui échange un sourire avec le légendaire tailleur sans ouvrage, le menuisier boit sans soif ou le savetier cramoisi, vous serez obligé de sortir. Tout est laid chez mon citoyen graisseux, même le nom qu'il porte, et je trouve qu'il a beaucoup plus d'analogie avec la cigale qu'avec le Titien, car il n'a jamais rien amassé.

J'en excepte toutefois les bouts de cigare.

LE PÈRE JACQUES BONSENS

AUX COMMUNARDS.

MES CHÉRIS,

Vous nous menacez d'une St-Barthélemy ; quand il vous plaira, mes drôles! vos menaces ne nous intimident pas et nous trouvent froids mais résolus. Sonnez quand vous voudrez.

Assurez tous vos adeptes que nous leur rendons avec usure toute l'affection qu'ils ont pour nous ; œil pour œil, dent pour dent ; nous nous sommes habitués depuis long-temps à l'idée que si jamais ces aimables fédérés venaient à triompher, nous serions fusillés après avoir été abreuvés d'outrages et percés de mille coups, mais nous leur déclarons à l'avance que, comme le vertueux et intègre Bailly, si nous tremblons, ce sera de froid. Un souvenir nous aidera, ce jour-là, à bien mourir, nous nous rappellerons que Robespierre y passa à son tour, que les assassins de Bréa visitèrent la barrière St-Jacques, et que Ferré s'agenouilla devant le poteau de Satory.

Si Dieu le tout puissant qu'ils insultent et bravent daignait prendre en pitié le peuple français, et qu'il nous permît de sortir sains et saufs des griffes de ces brigands, nous lui rendrions une action de grâces éternelle; nous nous empresserions alors de mettre sur un vaisseau rapide, en partance pour la Calédonie, tous ces communards, ces lâches insulteurs de femmes, ces ennemis de l'ordre et de la société qui sèment la haine entre les citoyens, qui ne reculent devant aucun moyen pour arriver à la curée, et nous souhaiterions un bon voyage à toute cette clique coiffée du bonnet vert.

La belle occasion de voyager pour Grand-Prêtre, Bourbonnais et consorts. Et gratis encore !

ADIEUX DU PÈRE JACQUES BONSENS

AUX PAYSANS.

Adieu, brave Paysan, ou plutôt au revoir, et réfléchis à tout ce que je t'ai dit.

A toi le vrai travailleur, je te serre tes mains calleuses et abîmées par les crevasses, je te les serre de tout mon cœur. Tu sais que je suis ton ami, que je ne t'ai jamais trompé ; eh bien, aie confiance en moi, et n'oublie pas que la canaille qui te flatte veut se servir de tes reins pour monter au pouvoir, je te l'ai dit en commençant, je te le dis en terminant.

Je te souhaite la santé pour toi et les tiens, je te souhaite une bonne récolte pour que tu sois dans l'aisance en travaillant, je souhaite que tu ne rencontres sur ton chemin que de braves gens au bon cœur, qui t'aideront dans des moments difficiles, qui n'exigeront de toi que ce que tu peux donner et qui te considérant comme un ami, un associé fidèle, devront te traiter avec les égards que tout homme libre et honnête est en droit d'exiger.

Adieu, et vive la France !

Le père JACQUES BONSENS.

Clermont, typ. Ferd. Thibaud.